### 누리 과정에서 쏙쏙

**신체운동 · 건강**   건강하게 생활하기 – 몸에 좋은 음식에 관심을 가지고 바른 태도로 즐겁게 먹는다.
　　　　　　　　　　　　　　　 – 자신의 몸과 주변을 깨끗이 한다.

### 초등 과정에서 쏙쏙

**통합 나2**　1.나의 몸 – 내 몸을 깨끗이 해요, 내 몸이 아파요
**도덕 3**　1.소중한 나 – 어떻게 하는 것이 나를 소중히 하는 것일까요?, 나를 소중히 하는 생활을 실천해요
**과학 5-2**　1.우리 몸

**감수 및 추천 이명근 박사**(미국 존스홉킨스 대학교 교수 역임, 현재 연세대학교 보건대학원 교수)

세계 곳곳의 재난지에 뛰어들어 어린이들은 물론 도움이 필요한 사람들을 구조하며 봉사의 삶을 사는 분입니다. 알아야 더 잘할 수 있다는 믿음으로 연세대학교 보건대학원에 '국제 재난 대응 전문가 과정'을 개설하여 많은 재난 구조 전문가를 양성하고 있습니다. 국제 NGO인 '머시코'(Mercy Corp.)와 UNDP(유엔경제개발계획)에서 활동하기도 했습니다. 지금은 재난 구호의 필요성을 알리고, 아시아와 아프리카의 개발을 위해 '코이카'(KOICA, 한국국제협력단)와 국제 개발 기관인 '글로벌 투게더' 등과 함께 봉사에 앞장서고 있습니다.

**글 에스더**

단국대학교에서 일어일문학을 공부하였으며 영국 런던 대학에서 언어학과 영어학을 공부하였습니다.
울버햄프턴 왕립 학교와 런던 그랜브룩 초등학교에서 보조 교사로 근무하기도 했습니다. 현재는 스마일북스 편집부 팀장으로 근무하면서 〈애플 세계 명작〉, 〈큰바위얼굴〉, 〈똑똑똑 마음씨〉 등의 전집 시리즈를 기획·편집하였습니다.
아직 부족한 점이 많지만, 어린이들에게 꿈과 희망을 주는 많은 책을 만들어 하느님께 영광을 돌리고 싶어 합니다.

**그림 마야 바그너**

1973년 독일 프랑크푸르트에서 태어나 대학에서 일러스트레이션과 건축 설계 디자인을 전공했습니다.
1992년에서 1995년까지 독일 소에스트 지역에서 중세 건물을 복구하는 작업을 도왔으며, 건축 설계도 했습니다.
현재는 독일에서 일러스트레이터 및 작가로 활동하고 있으며, 독일 품펜하우스 극장에서 배우로도 일하고 있습니다.
연극과 춤에 관심이 많으며, 취미는 기타 치면서 노래 부르는 것이라고 합니다.

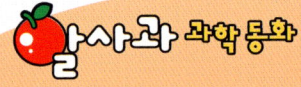

**인체 | 건강한 생활**
**20. 뚱뚱한 삼촌이 달라졌어요**

**글** 에스더 | **그림** 마야 바그너
**펴낸곳** 스마일 북스 | **펴낸이** 이행순 | **제작 상무** 장종남
**대표** 조주연 | **주소** 서울특별시 종로구 사직로8길 20, 103호
**출판등록** 제2013 - 000070호 **홈페이지** www.smilebooks.co.kr
**전화번호** 1588 - 3201 **팩스** (02)747 - 3108
**기획·편집** 조주연 김민정 김인숙 | **디자인** 김수정 정수하
**사진 제공 및 대여** 셔터스톡 연합뉴스 프리픽

이 책의 모든 글과 그림 등의 저작권은 스마일 북스에 있습니다.
본사의 허락 없이 이 책에 실린 내용의 일부 또는 전체를 어떤 형태로든지
변조하거나 무단 복제하는 것은 법으로 금지되어 있습니다.

⚠ 책을 집어던지면 다칠 수 있으니 조심하십시오. 잘못 만들어진 책은 바꾸어 드립니다.

# 뚱뚱한 삼촌이 달라졌어요

글 에스더 | 그림 마야 바그너

페드로 삼촌은 마을에서
뚱뚱하기로 소문난 먹보예요.
사람들은 삼촌에게 건강을 위해
조금만 먹으라고 하지만,
삼촌은 먹을 때가 가장 행복하대요.

삼촌은 하루를
모두 침대에서 보내요.
삼촌이 어떻게 하루를
보내는지 한번 볼까요?

이런 너무 일찍 일어났군.
아함, 배고파.
맛있게 아침을 먹어야지.

아침(10시)

그러던 어느 날이었어요.
점심을 먹자마자 누워 있던
삼촌이 갑자기 소리를 쳤어요.
"아이고, 배야!"
삼촌은 배를 움켜잡고 뒹굴었어요.
삼촌은 결국 구급차를 불렀어요.

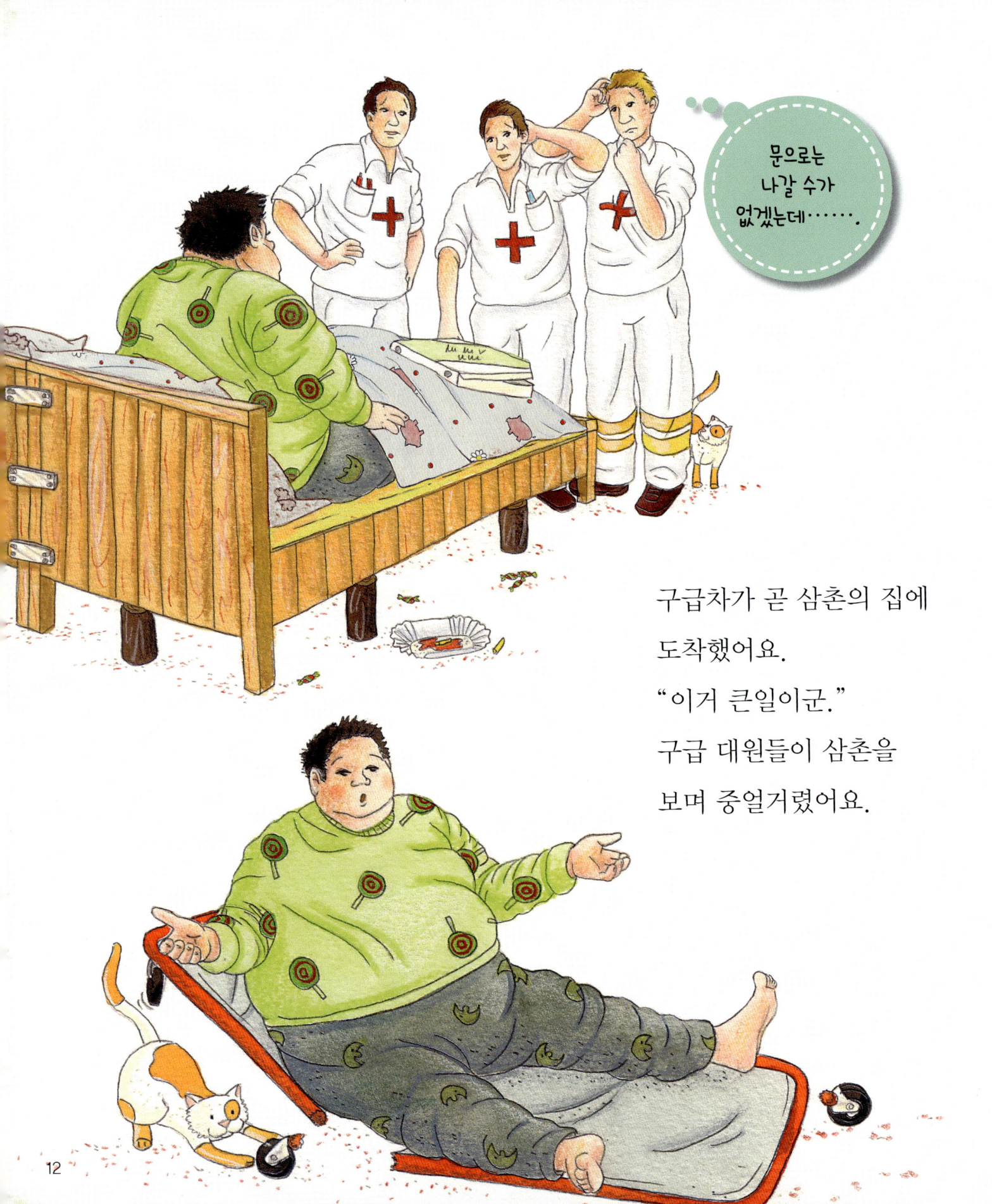

문으로는 나갈 수가 없겠는데…….

구급차가 곧 삼촌의 집에 도착했어요.
"이거 큰일이군."
구급 대원들이 삼촌을 보며 중얼거렸어요.

결국 삼촌은
많은 사람의 도움으로
간신히 병원으로 갔답니다.

삐뽀삐뽀!

삼촌은 한참 동안 의사 선생님의 진찰을 받았어요.
"제대로 씹지도 않고, 너무 많이 먹었군요."
의사 선생님이 나무라듯 말씀하셨어요.
"움직이지는 않고 먹기만 하다가는
목숨이 위험할 수 있습니다.
당장 입원해야 합니다."

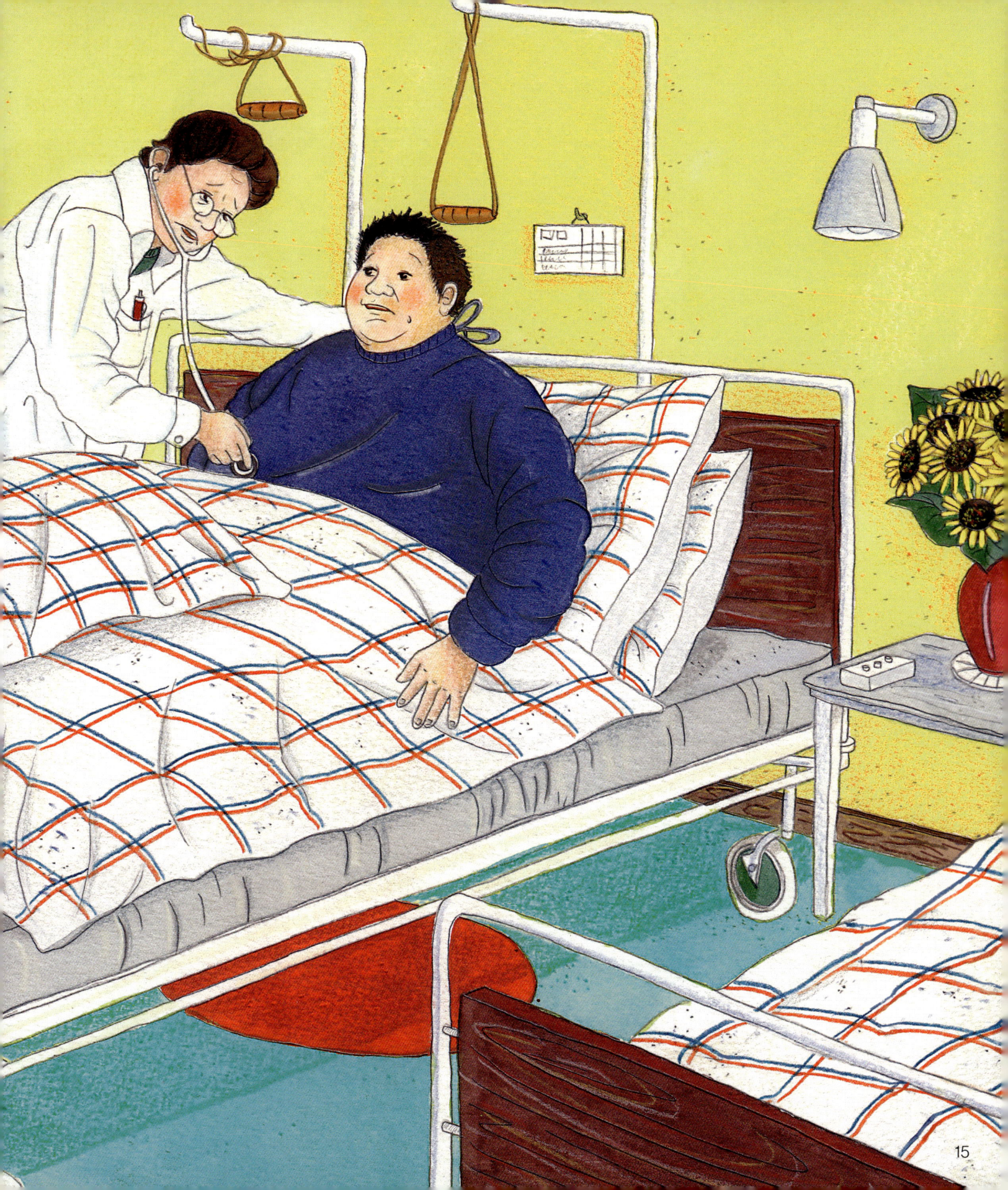

삼촌은 병원에 입원했어요.
삼촌을 위해 여러 가지 치료가 시작되었지요.
삼촌에게 병원은 정말 끔찍한 곳이었어요.
'말도 안 돼. 나보고 겨우 이것만 먹으라니……'

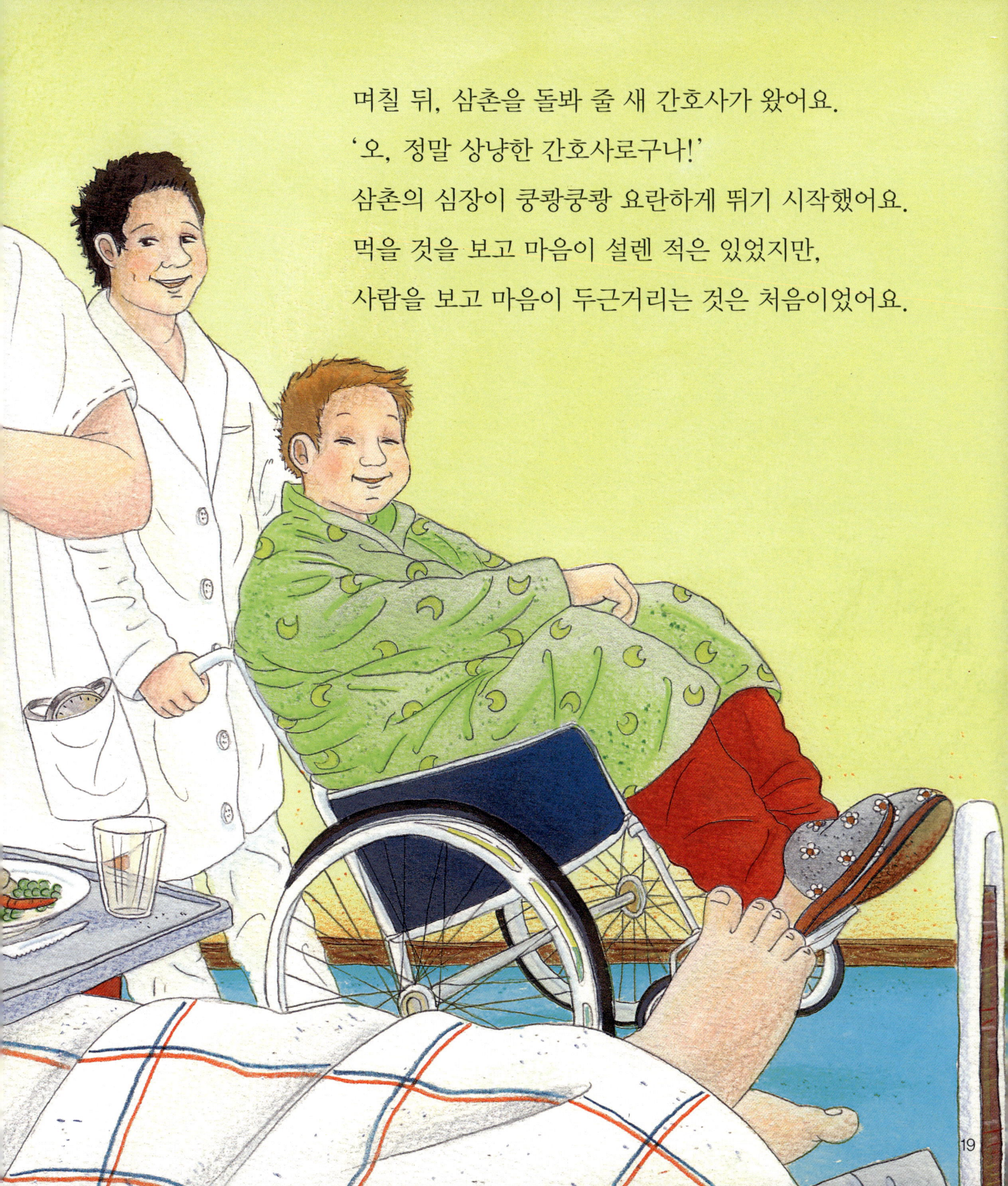

며칠 뒤, 삼촌을 돌봐 줄 새 간호사가 왔어요.
'오, 정말 상냥한 간호사로구나!'
삼촌의 심장이 쿵쾅쿵쾅 요란하게 뛰기 시작했어요.
먹을 것을 보고 마음이 설렌 적은 있었지만,
사람을 보고 마음이 두근거리는 것은 처음이었어요.

한참을 망설인 끝에 삼촌이 용기를 내어 물었어요.
"어떤 남자를 좋아하세요?"
"저는 건강한 사람이 좋답니다."
간호사가 상냥하게 웃으며 대답했어요.

삼촌은 또다시 용기를 내어 물었어요.
"건강한 사람이 되려면 어떻게 해야 하지요?"
"여러 가지가 있지만,
우선 식사 전에는 꼭 손을 씻으세요."
삼촌은 얼른 손을 씻었어요.

"음식은 조금씩 천천히 드세요.
또 오래오래 씹고, 골고루 먹어야 해요.
한꺼번에 많이 먹거나 급하게 먹으면,
배탈이 날 수 있어요."
간호사는 삼촌 옆에 앉아서
친절하게 설명을 해 주었어요.
'하루 빨리 건강한 사람이 되어야지.'
삼촌은 굳게 결심했어요.

"자, 이제 운동할 시간이에요.
먹는 것만큼 운동도 아주 중요하답니다.
운동을 해야 몸이 튼튼해지거든요."

삼촌은 하루도 빠짐없이 열심히 운동했어요.
건강한 사람이 되어야겠다고 결심하니 힘든 줄도 몰랐지요.

삼촌이 변해 가는 것을 보자, 간호사도 즐거웠어요.
온갖 정성을 다해 삼촌을 돌봐 주었지요.
"몸도 잘 씻어야 몸에 해로운 병균들이 없어져요.
이도 잘 닦아야 충치가 생기지 않지요."

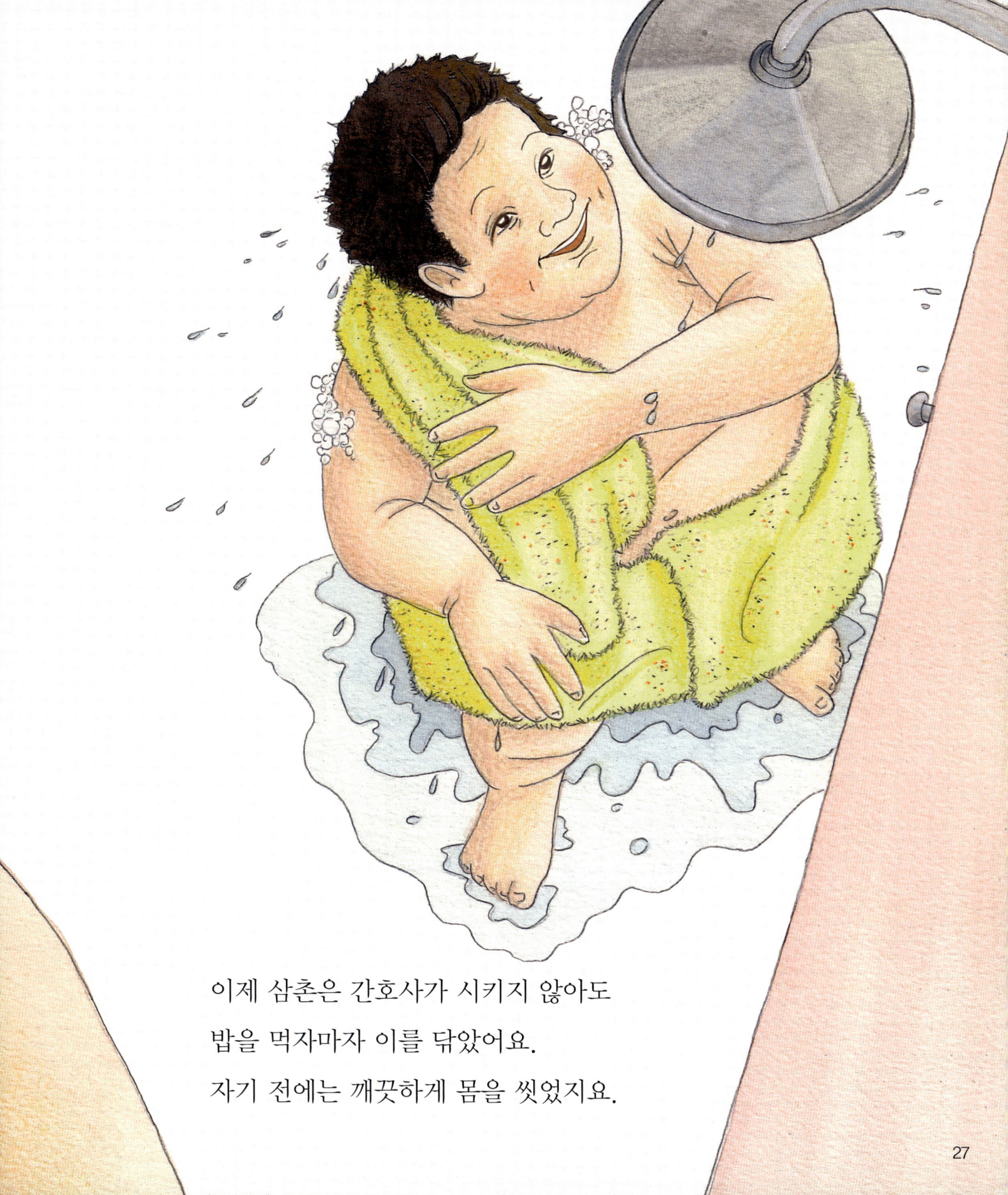

이제 삼촌은 간호사가 시키지 않아도
밥을 먹자마자 이를 닦았어요.
자기 전에는 깨끗하게 몸을 씻었지요.

삼촌은 매일 규칙적으로 밥을 먹고, 운동을 했어요.
그렇게 몇 달이 지나자, 삼촌은 더 이상
병원에 있을 필요가 없게 되었어요.
예전보다 건강하고 멋진 모습으로 변했답니다.

드디어 삼촌이 집으로 돌아가는 날이 되었어요.
삼촌이 간호사 앞에 무릎을 꿇으며 말했어요.
"저와 결혼해 주시겠어요?"
그러자 간호사는 미소를 띠며 대답했어요.
"지금처럼 계속 건강한 생활을 한다면요."

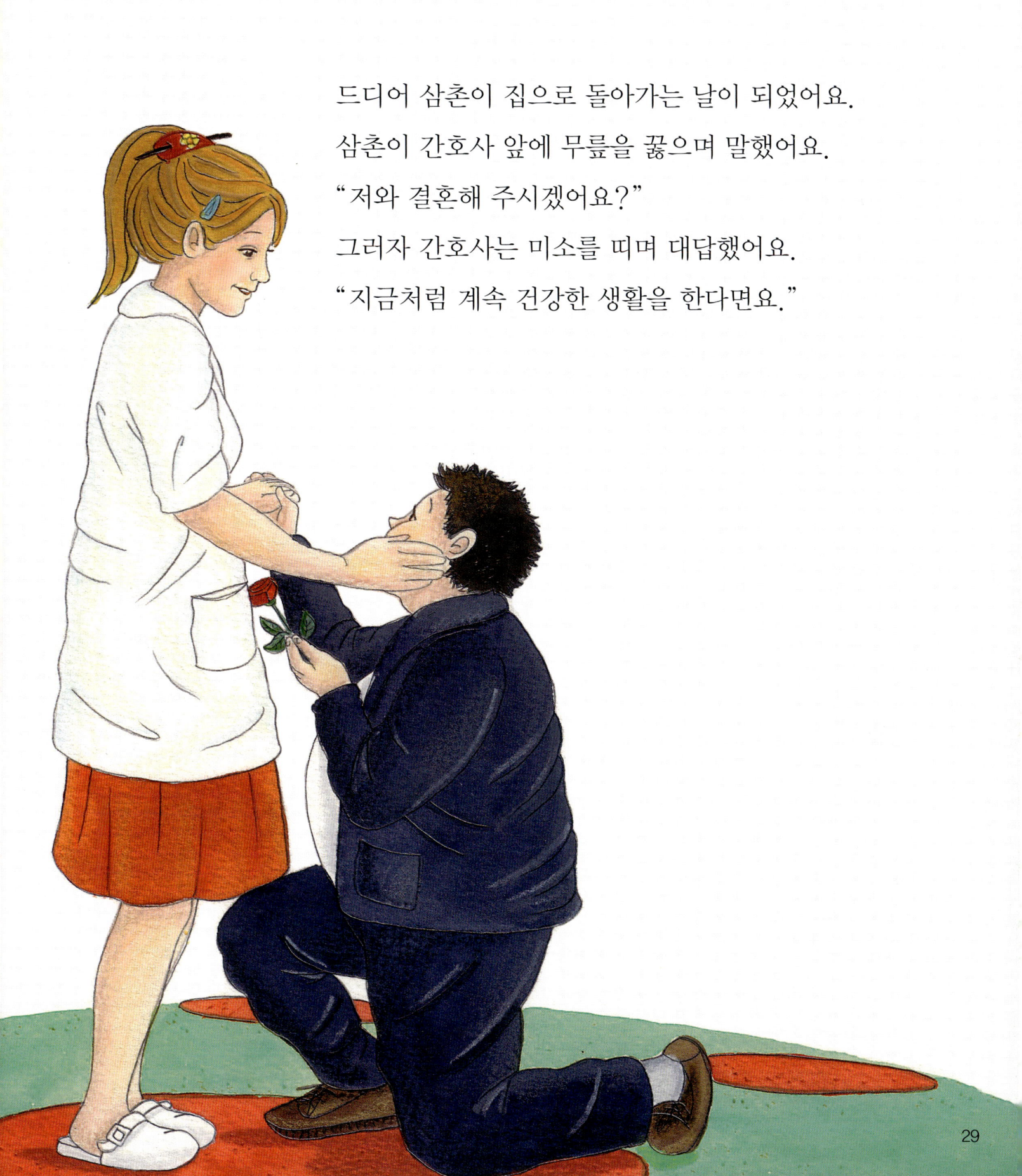

삼촌은 건강한 사람이 되기 위해
열심히 노력했어요.
적당한 양의 음식과 채소와 과일도 골고루 먹고,
규칙적으로 운동도 하고,
항상 깨끗하게 몸을 씻었지요.

어때요, 삼촌은 과연 상냥한 간호사와 결혼했을까요?

# 건강에 좋은 습관

건강해지려면 평소에 올바른 습관을 가져야 해요.
한번 습관을 잘못 들이면 좀처럼 고치기 어려워요.
그래서 어렸을 때부터 **건강에 좋은 습관**을 가져야 한답니다.

### 🍅 매일매일 규칙적으로 운동하기

날마다 규칙적으로 적당한 운동을 하면
근육도 강해지고, 심장도 튼튼해져요.

### 🍅 건강한 마음가짐 가지기

건강은 몸뿐만 아니라 마음과도 관련 있어요.
책을 읽으면 뇌의 활동이 활발해져서 마음이
건강해지고, 몸도 건강해져요.

조금 아프다고 자꾸
약을 먹으면 습관이
되어 좋지 않아요.

##  고루고루 천천히 먹기

좋아하는 음식만 골라 먹지 말고, 골고루 먹어요.
그리고 천천히 오래 씹어 먹어야 하지요.

## 치카치카 이 닦기

단것을 많이 먹으면 이가 상할 수 있어요.
음식을 먹고 나서는 꼭 이를 닦아야
한답니다.

## 뽀드득뽀드득 깨끗이 씻기

밖에 나갔다 들어오면 손발을 깨끗이 씻어요.
이것저것 만지면서 놀다 보면, 몸에 해로운
병균이 묻을 수 있어요.

## 쿨쿨 충분히 잠자기

잠을 자면 몸과 마음이 쉴 수 있어요.
하루에 쌓인 피로를 풀어 주고, 내일
움직일 힘을 만들어 주어요.

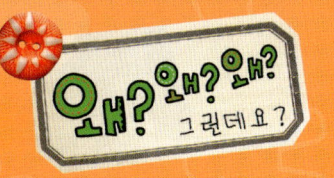 그런데요?

# 건강한 생활에 대한 요런조런 호기심!

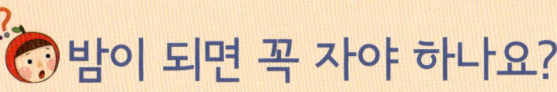 밤이 되면 꼭 자야 하나요?

하루 종일 열심히 움직이다 보면 우리 몸은
매우 피곤해져. 그래서 몸이 충분히
쉴 수 있도록 밤에는 잠을 자야 해.
밤 10시에서 새벽 2시 사이에 푹 자야
키가 쑥쑥 큰대. 하루에 8시간 이상
잠을 푹 자는 게 건강에 좋단다.

밤에 잠을 충분히 자야 건강에 도움이 되어요.

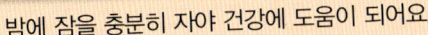 손은 왜 자주 씻어야 하나요?

손으로는 무엇이든 만지잖아. 그러니까 손에는 눈에
보이지 않지만 먼지와 여러 가지 세균이 많이 붙어
있지 않을까? 더러운 손으로 코나 입을 만지게 되면
세균이 몸속으로 들어와 병에 걸리고, 주위 사람에게
병을 옮길 수 있지. 그래서 손을 자주 씻으라는 거란다.

손을 씻을 때는 비누를 사용해서 손가락
사이사이까지 깨끗이 씻어요.

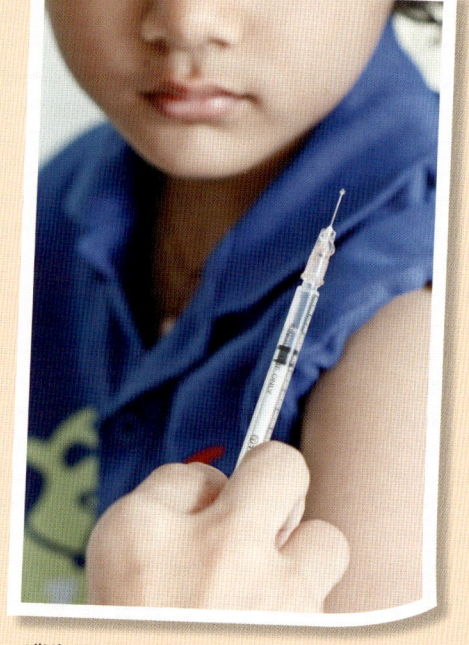

예방 주사는 병에 걸리지 않도록
미리 막아 주어요.

## 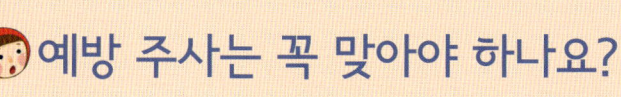 예방 주사는 꼭 맞아야 하나요?

안 아픈 예방 주사가 있으면 좋겠지만, 조금
아파도 예방 주사는 꼭 맞아야 한단다. 아이들이
특히 잘 걸리는 병이 있거든. 예방 주사는 이런
무서운 병을 이길 수 있는 강한 힘을 길러 주어서
병에 걸리지 않도록 해 주지. 주사 맞을 때 잠시
따끔한 걸 참으면 더 큰 병을 막을 수 있단다.

##  엄마는 왜 햄버거를 자주 먹지 못하게 하나요?

햄버거처럼 간단하게 먹을 수 있는 음식을 '패스트푸드'라고 해.
패스트푸드는 한번 먹어 보면 자꾸 먹고 싶어져.
왜냐하면 맛을 좋게 하기 위해서 지방, 설탕, 소금,
식품 첨가물 등을 많이 넣기 때문이야. 이런 음식을
많이 먹으면 살이 찌고 건강이 나빠진단다.

햄버거와 콜라, 감자튀김을 자주 먹으면 뚱뚱해질 수 있어요.

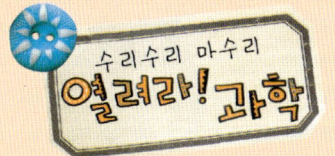

# 손을 깨끗이 씻어요

손을 깨끗이 씻으면 병에 잘 걸리지 않아요. 어떤 때 손을 씻어야 하는지 알아보아요.

애완동물에 병균이 있을 수 있어요.
애완동물을 만지면 손을 꼭 씻어요.

코를 풀 때, 콧속에 있던 병균이 나올
수 있어요. 휴지에 코를 풀어도 손을
꼭 씻어요.

음식을 먹기 전에 반드시 손을 씻어요.
특히 손으로 집어 먹는 음식인 경우에는
병균이 입 안으로 들어갈 수 있어요.

장난감을 가지고 놀고 난 후에는
손을 꼭 씻어요.

# 올바르게 이를 닦아요

아래의 순서로 이를 닦아요.

**준비물** 치약, 칫솔

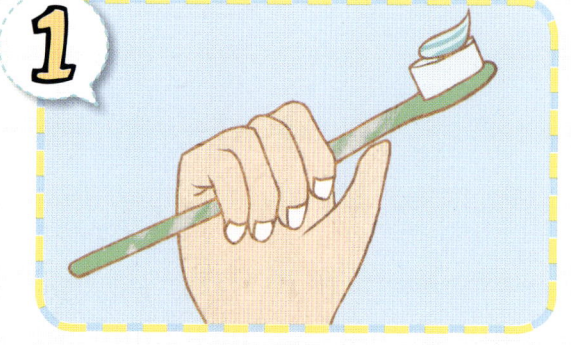

**1** 칫솔에 치약을 짠 후, 그림처럼 칫솔을 잡아요.

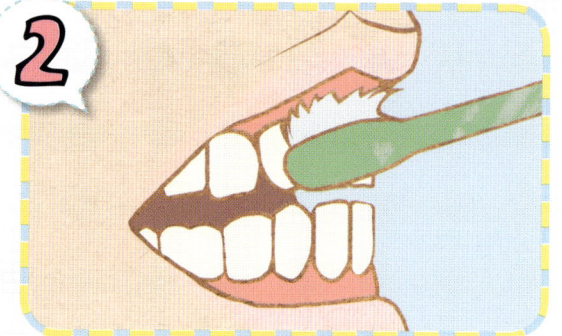

**2** 칫솔을 이와 잇몸이 닿는 곳부터 돌려서 닦아요.

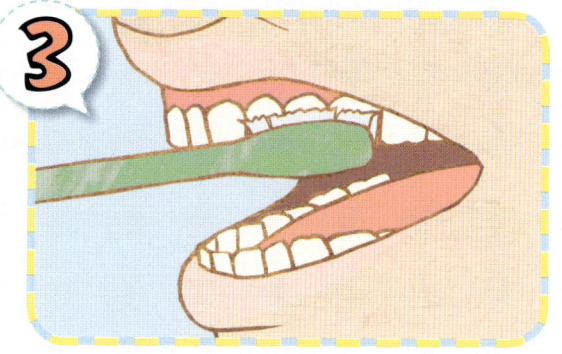

**3** 이의 바깥쪽을 위아래로 닦아요.

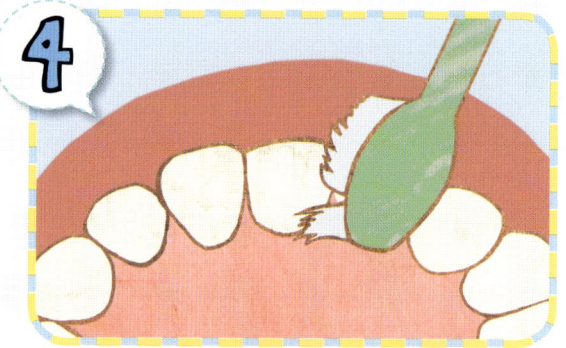

**4** 이의 안쪽 면을 닦아요.

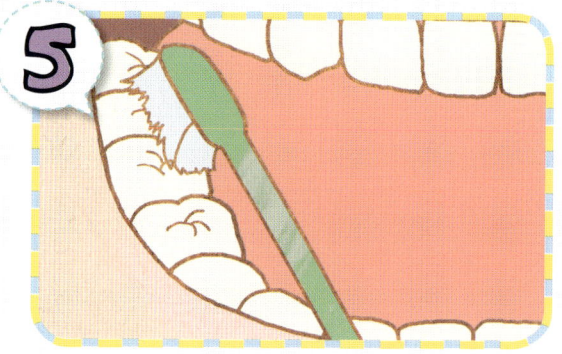

**5** 위아래의 씹는 부분을 닦아요.

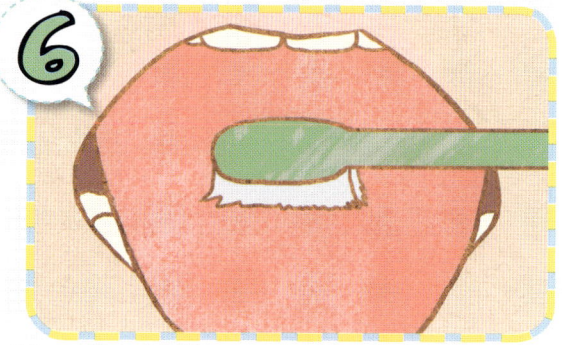

**6** 혀를 닦아요.